La Sagesse
De
Seigneur
Saint
Esprit

Dédié à Irina, Marv, Kelly et tous ceux
qui aime les bonnes nouvelles.

Contenu

Biographie de l'auteur

Herb est un consultant en informatique ex, qui aiment la plupart des gens, vécu avec une seule chose sur son esprit - la belle vie - tout ce qu'il faut. Il est maintenant un investisseur, dont le seul but dans la vie est d'amener les gens à Jésus-Christ, Seigneur et Père le Saint-Esprit Seigneur.

Présentation

Pour mettre la cerise sur le gâteau - Dieu est la raison pour laquelle vous êtes né, Il est vivant et bien, et il est totalement fou de toi.

La plupart des gens, en lisant la Bible, sont conscients du fait que Dieu est trois personnes. Cependant, en lisant la Bible, nous apprenons aussi que chaque personne de l'Autorité de Dieu remplissent des fonctions différentes. SeigneurSaint-Esprit est la voix de Dieu, Il est Celui qui a prononcé les paroles de Dieu, et ordonna aux gens d'écrire les paroles de Dieu, dans ce qui est communémentconnu sous le nom La Bible.

La raison la plus importante pour laquelle je tiens à vous encourager à lire la Biblepour vous-même parce que Dieu est une personne comme vous, et Il se révèle à vous, à travers la Bible, et à travers la personne de Lord Saint-Esprit.

En tant qu'êtres humains nous sommes tous sous-estimer l'importance de nos paroles, mais quand Dieu se présente à nous pour la première fois, nous voyons en lui parlant, et puis nous voyons que tout ce qu'il parle - se passe.

4

La raison pour laquelle ce livre est important pour vous c'est parce que le Dieu qui a écrit la Bible dit que la puissance de la vie et la mort est dans votre langue, et non pas dans la langue de Dieu, ou de la langue du diable, ou de la langue tout ange, ou de la langue tout démon, mais votre langue.

Encore une fois, bien qu'il pourrait être difficile pour l'esprit humain à comprendre,les faits sont que tout ce que vous êtes dans la vie, est un résultat direct de quelque chose que vous avez dit, ou une personne ayant autorité sur vous, dit.

Inutile de dire, cela signifie que je peux modifier ou d'améliorer ma vie, et mesconditions de vie, en disant simplement ce que Dieu dit. C'est une autre raison pour ce livre, ou plus important encore - pour vous de lire la Bible, et de dire ce que dit la Bible, et rien d'autre.

Dieu a créé environ 6000 anges pour chaque personne sur la terre, et le Dieu du temps que leur permet de bénir vous, et le ministre Sa grâce à vous, c'est quand vous dites ce que Dieu dit, dans sa Bible.

Dieu dit dans la Bible - Viens me bénisse, mes anges qui font mes commandements, l'écoute de la sonorité de Ma Parole (La Bible).

Il est également très important de savoir que le Seigneur Saint-Esprit révèle que seulement et donne la compréhension de la parole de Dieu à quelqu'un qui désire avoir une relation personnelle avec Jésus.

Si vous ne voulez pas d'avoir une relation personnelle avec Dieu, vous lirez la Bible,et ne pas comprendre ce qu'il dit, car Il est Celui qui révèle la Bible pour vous.

Pour vous permettre d'avoir votre propre relation personnelle avec Dieu, et de comprendre la Parole de Dieu pour vous-même, j'ai fourni un moyen pour vous de le faire dans le chapitre suivant, avant de commencer la lecture des révélations données par Lord Saint-Esprit.

En outre, parce que lord Saint-Esprit vient de révéler Seigneur Jésus pour nous, j'ai fait une séparation entre ce qu'il dit, et ce Seigneur Jésus dit.

Comme nous le lisons dans Sa Parole, Seigneur Jésus est la Parole, de sorte que la Bible a été écrite par Lord Saint-Esprit, pour révéler Jésus-Christ pour vous, et moi.

Chapitre 1: Réunion Jésus-Christ pour vous

L'une des questions la plupart des gens se poser est «Est-il vraiment un Dieu - et je peux le connaître?

Je tiens à vous inviter à faire connaissance avec cette personne, Dieu, pour vous-même.

Si vous souhaitez connaître Dieu, et avoir une relation avec Lui, il vous suffit de Lui parler. Il est partout - et pouvez-vous entendre - où que vous soyez.

Voici quelques mots à lui dire - afin que vous puissiez le connaître vous-même:

«Cher Jésus, Viens dans ma vie, pardonnez-moi de mes péchés, purifie-moi, et me remplir avec lord Saint-Esprit. A partir de ce jour-là, tu te fais réel pour moi - et d'être tout pour moi.
Ainsi soit-il. '

Maintenant que vous êtes devenu amis avec Dieu, tu es devenu mon ami aussi.J'espère vous rencontrer un jour, et d'entendre votre histoire sur votre relation avec Lui.

Chapitre 2: Qu'est-ce Jésus-Christ dit

Il arrivera, que je répandrai de Seigneur Saint-Esprit sur tous les hommes, et vos fils et vos filles prophétiseront, vos vieillards auront des songes, vos jeunes gens auront des visions.

À mon avis, je suis le seul trône blanc décider qui seront les personnes les plus célèbres pour l'éternité.

La seule preuve que quelqu'un vous aime, c'est dans ce qu'ils font, et non ce qu'ils disent.

Parce que je créé des montagnes et des vallées, et parce qu'il faut au moins deuxmontagnes à faire une vallée, le fait même que vous marchez à travers une valléedans votre vie, est un signe de moi à vous que je vous emmène au sommet de montagne .

Je lève mes yeux vers les montagnes, d'où me viendra le secours. Le secours me vient du Seigneur qui a fait les cieux et la terre.

Dieu est amour, et l'amour pardonne tous les péchés.

Ma bouche va vous encourager; confort de mes lèvres vous apportera soulagement.

Religion vous permet de rester concentré sur le paradis sur terre, mais le SeigneurSaint-Esprit de vous concentrer sur le ciel nouveau et une terre nouvelle, qui n'a pas de satan, les démons, les nations ou les guerres, et sont remplis avec les fils et filles de Dieu.

Car Dieu a tant aimé le monde qu'Il a donné son Fils unique afin que quiconquecroit en Lui ne périsse point, mais ait la vie éternelle. Parce que Dieu n'a pas envoyé son Fils dans le monde pour condamner le monde, mais pour sauver le monde, à travers Lui.

Quiconque me confessera devant les hommes, je le confesserai aussi devant les anges de Dieu.

Je suis le pain vivant qui est descendu du ciel: Si une personne mange de ce pain,cette personne doit vivre éternellement: et le pain que je donnerai, c'est mon corps,que j'ai donné pour la vie du monde, et non pas quelques-uns.

Car je sais que le Seigneur est grand, et que notre Seigneur est au-dessus tout serait dieux. Tout ce que le Seigneur heureux, qu'il a fait dans le ciel, et sur la terre,dans les mers, et tous les lieux les plus profonds.

Bien qu'il soit important de savoir que Dieu est Dieu, parce qu'Il a créé les cieux et la terre, et tout en elle, il est plus important de savoir qu'il est une personne réelle,tout comme vous, et veut une relation personnelle avec vous.

Je vais composer avec satan, qui soutient avec vous. Soyez tranquille, et le Seigneur combattra pour vous.

Dieu peut faire plus que vous ne pouvez jamais demandons ou pensons. Si vous ne pouvez pas vous voir ainsi, Dieu le peut.

Quand les choses vont mal dans votre vie, la première question à se poser est -«Qu'est-ce que je dis? - Parce que la puissance de la vie et la mort est dans votre langue.

Il n'y a pas de Dieu en dehors de moi, un Dieu juste et qui sauve; il n'y a personnesauf moi.

Aujourd'hui est le jour du salut, demain est promis à personne.

Si nous confessons nos péchés, Il sera fidèle pour nous pardonner nos péchés, et pour nous purifier de toute iniquité.

La gloire de mon église dernière doit être supérieure à la gloire de mon première église.

C'est la vie éternelle, qu'ils sachent que vous Père, le seul vrai Dieu, et Jésus-Christ, qui vous avez envoyé.

L'amour de l'argent, ce qui signifie la relation ne va pas avec l'argent, est la source de tout mal, pas satan.

La raison pour laquelle il est important de pardonner à quelqu'un qui vous a fait mal, c'est parce que même la science prouve que quelqu'un qui a été blessé, ira toujourset de blesser quelqu'un d'autre.

Tu es le Seigneur qui me guérit. Vous envoyez votre mot, et il guérit tous ma maladie; Vous êtes le Seigneur mon guérisseur.

Le mind-blowing pouvoir de pardonner à quelqu'un: Il a fallu Joseph de la prison aupalais, et fait de lui le souverain d'une nation, il a fallu Mandela de prison, et lui fait le président d'une nation, et c'est la seule chose que vous pouvez faire, qui provoqueDieu à se lever de son trône - par respect pour vous.

Je n'ai pas honte de l'Évangile de Jésus-Christ - car il est la Puissance de Dieu pour sauver tous ceux qui croient.

Quand le Seigneur Saint-Esprit sera venu, il convaincra le monde de péché, de justice et de jugement: le péché de ne pas croire en moi.

C'est le sang qui fait propitiation pour le péché, et quand je vois mon sang sur vous, je ne vais pas vous juger.

C'est par la grâce que vous êtes sauvés, par la foi, et non de vous-même. Il est ledon de Dieu: Non exécution des travaux, de façon que nul ne se glorifie.

Dans la miséricorde est le trône être mis en place: et Il sera assis sur elle, en vérité, à en juger, et obtenir un jugement, et se dépêcher justice.

La raison pour laquelle je suis la seule personne qui peut vous fixer, c'est parce que je vous avez créé, et seulement un Créateur peut fixer une création.

Quand votre corps est malade, vous aller voir un médecin, parce que seul lemédecin peut vous guérir. De la même manière, lorsque vous avez un problèmeavec le péché, vous avez de venir à moi, parce que je peut vous guérir du péché.

Une fois que vous savez par vous-même l'amour sans limite, la miséricorde, la grâce, la puissance et l'autorité de Jésus-Christ, puis tous les jours est le plus beau jour de votre vie.

Il sera un signe et le témoignage de l'Éternel des armées dans le monde. Quand ilscrient au Seigneur à cause de leurs oppresseurs, il leur enverra un Sauveur etDefender, et il les sauver.

Déclarer ce qui est d'être et de le présenter - laissez-les se consultent entre eux.Qui a prédit il ya longtemps, qui le déclare dans le passé lointain? N'était-ce pasmoi, le Seigneur? Et il n'y a pas de Dieu en dehors de moi, un Dieu juste et qui sauve; il n'y a que moi.

Je suis venu pour que vous ayez la vie, et l'aient en abondance.

Moi, je suis l'Éternel, et en dehors de moi il n'y a pas de Sauveur.

Aimer quelqu'un d'autre que vous-même - est un choix que nous faire de chaque jour.

Vous ne m'avez pas choisi, mais je vous ai choisis, et je vous ai établis, que vous devriez aller et portent du fruit, et que votre fruit demeure: et que tout ce que vousdemandez à votre Père Eternel, en mon nom, Il vous donnera .

Que le méchant abandonne ses voies, et la personne injustes de leurs pensées: et laissez-le / son retour au Seigneur, et Il aura pitié de lui / elle, et revenir à notre Dieu, car il pardonne abondamment.

J'ai encore pardonner tous les péchés. Cela signifie que je ne me souviens pas de la la taille de votre péché, ou le nombre de vos péchés.

Seigneur Saint-Esprit est la raison pour laquelle vous devenez le chrétien le diable met en garde les gens sur. Jésus dit encore, attention, je vous donne de puissance, sur toute la puissance de satan, les démons et les anges déchus.

La clé de la bénédiction sans limites: Jésus a dit à Abraham, Vous sortez de votre pays, et de vos proches, et la maison de ton père, vers une terre que je vais vous montrer: Et Je ferai de toi une grande nation, et je te bénirai, et rendrai ton nom grand, et tu seras une bénédiction. Parce que les familles nous enseignent les traditions - Seigneur Saint-Espritenseigne nous la foi, qui ouvre la bénédiction.

Permettez-moi de ne pas pécher contre le Seigneur, en ne priant pour vous. Beaucoup dans l'Eglise sont des experts sur les péchés du monde, tout en oubliant leur péché contre le Seigneur. Ma maison sera appelée une maison de prière.

La façon dont un animal pour la soif de l'eau, afin que vos âmes la soif pour moi.

Heureux tous ceux que le respect du Seigneur; qui marchent dans ses voies. Je vais manger le travail de mes mains, je serai heureux, et il doit être bien avec moi.

Je ferai manger à tes oppresseurs leur propre corps, ils seront ivres de leur propre sang, comme pour le vin. Puis tous les gens sauront que moi, le Seigneur, je suis ton Sauveur et ton Rédempteur.

Dieu n'est pas une personne, qu'il doit dire un mensonge, ni un enfant d'une personne, qu'il devrait changer son esprit. Il ne parle, et puis ne pas agir? Promet-il, et ne remplit pas ses promesses?

satan vient pour voler, tuer, et détruire, mais je suis venu pour que vous ayez la vie,et l'aient en abondance.

Toutes les extrémités de la terre doit se souvenir, et se tourner vers le Seigneur: et toutes les familles des nations se prosterneront devant toi. Pour le Royaume est leSeigneur: et Il est le gouverneur parmi les nations.

La raison pour laquelle vous pouvez TOUJOURS crois que tous mes promesses - C'est parce que le ciel et la terre passeront, mais mes paroles ne passeront point.

Le Seigneur vous rendra la tête, et non la queue, et tu seras au-dessus seulement, et vous ne serez pas en dessous, si vous écouter les commandements de l'Éternel, votre Dieu.

Vous recevrez une puissance, d'après Lord Saint-Esprit qui viendra sur vous, et vous serez mes témoins, à partir de Jérusalem, et jusqu'aux extrémités de la terre.

Je serai pour vous un père, et vous serez mes fils et mes filles, dit le Seigneur Tout-Puissant.

Nous vivons à une époque où les noms des dénominations et des personness'allumera gradateur et gradateur, et le nom de Jésus s'allume plus en plus brillante.Mon nom sera exalté dans les cieux et la terre.

La raison pour laquelle les saints doivent toujours prier - il n'est pas par la force,ou la puissance, mais par Lord Saint-Esprit.

Chrétiens qui sont toujours à vous parler de la façon dont le diable est de les battre, ne sont pas enregistrées. Je vais vous donner mon Anges de vous, et rien ne pourra vous nuire moyens. Je vous donne le pouvoir sur toute la puissance de l' ennemi.

Si votre propre famille ou entre amis vous ne voulez ou vous le souhaitez, Je veux que vous et je vous le souhaitez, et je serai un ami qui colle plus attaché qu'un frère.

Aller à l'église ne vous rend pas un chrétien, tout comme dormir dans un garage ne vous rend pas une voiture. Sauf si un personne naît de nouveau, à travers mes mots et Lord Saints Esprit, que personne ne verra jamais le royaume de Dieu.

Je me tiens à votre porte cœurs et frapper, et si vous voulez ouvrir la porte de votre cœur, je viendrai à toi, et je sera en communion avec vous.

Le monde et ses nouvelles est conçu pour vous donner la peur, l'anxiété et de nuits blanches. Mes mots sont conçus pour vous donner la paix, de joie et de beaux rêves.

Il n'est pas important de savoir comment vous êtes célèbre dans cette vie, qui a une fin, mais comment vous serez célèbre le jour du jugement, lorsque votre vie-sans-fin commence.

Tout comme les personnes malades reçoivent un traitement spécial, je donnespéciale traitement aux personnes malades spirituellement.

La raison pour laquelle la plupart des gens ne comprennent pas pourquoi j'aime tout le monde, c'est parce qu'ils ne comprennent pas que c'est le cas Peu importe comment la vie de quelqu'un est sale, mes mots toujours lave les nettoyer.

Une autre raison pour laquelle la plupart des gens ne comprennent pas pourquoi je aimer tout le monde, c'est parce qu'ils ne comprennent pas qu'il Peu importe comment la vie de quelqu'un est sombre, je le suis encore de la Lumière pour tout le monde dans le monde.

La priorité du monde est de vous faire nettoyer, et que vous faites être belle à l'extérieur, ma priorité est de vous faire nettoyer, et beau à l'intérieur.

Je suis en toi, et toi en moi. Les seules relations ce que je fais, c'est 24X7, et pas seulement une heure le dimanche.

Tout comme l'eau et du savon peut se laver le plus sale du corps propre, mes mots, et le Seigneur Saint-Esprit, peut laver le sale vie nettoyer.

Jésus dit encore - qui êtes-vous que le juge d'un autre homme serviteur? Pour son propre maître, il / elle se tenir debout ou tomber. Jésus vous donne le droit de prier pour les autres, de ne pas les juger.

Le vrai salut signifie qu'il est de votre devoir de me demander de vousenregistrer, et il est de mon devoir de vous sauver, et de vous garder, et à vous présenter devant Dieu le Père, innocent et sans tache.

Si vous êtes né de nouveau, et quelques jours vous ne faites pas si bon, rappelez-vous que vous vous voyez comme vous êtes, je vous vois comme le Saint que je vous faire. Confessez-vous le péché, et continuer.

Venez et suivez-moi, et je vous ferai pêcheurs d'hommes.

Les gens qui sont vraiment sauvés, savent qu'ils ont été sauvés, de sorte que les pécheurs peuvent être sauvés, non pas parce qu'ils sont mieux que les pécheurs.

Personne n'a un amour plus grand pour vous que moi, parce que pendant que vous étiez encore pécher, je l'ai déjà mort pour tous vos péchés.

S'il est vrai que j'aime tout le monde dans le monde, il est vrai aussi que je fais la vie de ceux qui rejettent me enfer sur la terre, pendant que je fais la vie à ceux quime recevoir paradis sur terre.

Pour ceux qui rejettent mon don gratuit du salut, la vie est un enfer sur terre à cause de satan et des démons. Pour ceux qui ont accepté mon don gratuit du salut, la vie est le paradis sur terre, parce que j'ai donné mon anges à eux.

Dans le système du monde la justice, il s'agit d'un cas d'une fois un criminel,toujours un criminel. Dans mon système de justice, il est une fois pardonné,toujours innocent.

La raison pour laquelle les pécheurs qui me répondent pour eux de soi, il est facile de me suivre - c'est parce qu'il est mon Dieu qui les conduit à se détourner du péché.

La priorité de l'évangile de Jésus-Christ n'est pas Dieu sur la terre, mais leNouveau Ciel et la Terre Nouvelle.

Les personnes religieuses sont des experts sur vos péchés, mais je suis un expert sur vos péchés et comment se laver tous vos péchés, et de vous présenter irréprochables devant Dieu le Père.

Quand il s'agit de salut, vous avez besoin de se rappeler que vous êtes le seul être sauvé, et je suis le Sauveur, qui est vous sauver.

La raison pour laquelle vous ne devriez aller à une église locale où vous pouvez sentir la présence de Jésus, c'est parce que quand vous allez à la maison de votre ami vous vous attendez à retrouver votre ami, alors quand vous allez à la Maison du Seigneur Jésus - vous devriez trouver Jésus.

Ma Parole est la nourriture de votre esprit, que je vous donne librement. si votre esprit a faim ou mourir de faim, vous avez besoin de manger spirituelle alimentaire.

S'il est vrai que le premier Adam jeté un sort à tous les les gens, il est également vrai que la raison pour laquelle je suis appelé le dernier Adam, c'est parce que je suis venu mettre la personne libre de la malédiction, qui va simplement dire «sauve-moi de Jésus.

Vous êtes aimés d'un amour éternel.

Dans mon entreprise le meilleur emploi rémunéré est de faire l'enfer vide, et le ciel plein.

Tu boiras le lait des nations et être soigné au Royal seins. Alors vous saurez que moi, le Seigneur, je suis ton Sauveur et ton Rédempteur.

Pour tous ceux qui croient en moi, et me recevoir, je donne la Le pouvoir de devenir fils et filles de Dieu.

Le Seigneur fait tout ce qui lui plaît, dans les cieux et sur la terre, dans les mers et tous leurs profondeurs.

L'Éternel combattra pour vous, et vous serez au calme.

Pour me rencontrer pour vous-même, est de prendre contact personnel avec l'éternité.

Le vin est moqueur, les boissons fortes sont tumultueuses, et celui qui est trompé ce n'est pas sage.

Juste me demander de vous guider et de vous regarder ensuite où vous allez, et je le ferai.

Religion vous fournit une liste de choses à faire pour échapper à l'enfer, Je dis quiconque invoquera le nom de Jésus être sauvé de l'enfer.

J'ai créé mes anges de vous bénir, quand vous dites ce que je mot à dire dans ma Parole. Qu'est-ce que vous avez dit aujourd'hui?.

Chantez pour moi, car j'ai fait des choses magnifiques: ce n'est connue sur toute la terre.

Toute personne qui croit en moi sera sauvé de l'enfer, et tous ceux qui ne croient pas en moi est déjà condamné à l'enfer.

Tout comme un arbre est connu par son fruit, toute personne qui prétend à me suivre, peut être connu par son fruit, et non leur la prétention d'être un chrétien.

Salut réel commence quand vous comprenez que ce n'est pas sur la façon dont vous êtes mauvais, mais sur la façon dont je suis bon.

Religion utilise les traditions pour vous éloigner de moi. je dis que toute personne qui appelle mon nom, sera sauvé de l'enfer, et me connaître personnellement.

Je prends les péchés du monde, parce que le salut est
de moi, et personne d'autre.

Pas tout le monde qui me dit: Seigneur entrer au Ciel,
  mais ceux qui font la volonté de Dieu le Père, qui est celle
pas une seule personne va en enfer, mais que chaque
personne se rend à Ciel.

Il n'ya pas de crainte dans l'amour, mais mon amour parfait
bannit la la peur - parce que la peur est le tourment.

Si je suis est pour vous, qui peut être contre vous?.

La raison pour laquelle le dit la chanson, tout change
quand Jésus reviendra, c'est parce que la bénédiction
ne pas parce que vous allez à l'église, vous appelez
un chrétien, catholique, méthodiste ou toute dénomination,
mais parce que vous me recevoir comme votre ami
et Sauveur.

Pardonner, je ne vais pas utiliser l'événement contre
lui / elle à l'avenir, je ne parlerai pas de l'événement pour
d'autres, et je pense pas que sur l'événement.

Il est facile de réussir en direct, quand vous comprenez
que tout ce que vous êtes, et nous espérons être,
c'est Jésus-Christ.

Mon temps est à portée de main.

Pas un seul de toutes les bonnes paroles du Seigneur, ton Dieu,
  vous avez donné, a échoué.

Je voyais satan tomber comme l'éclair du ciel.
L'écoute de certains prédicateurs parler de la façon puissante
satan est, il est évident qu'ils ne savent pas que Jésus Christ
est Dieu Tout-Puissant.

Si vous le jour ne va pas si bien, me souviens que j'étais sur le
Trône d'hier, je suis sur le trône d'aujourd'hui, et je serai demain
sur le trône.

Je vous dis la vérité, quiconque ne recevra pas le Royaume
de Dieu comme un petit enfant, ne sera jamais entrer dans le
  Royaume-Uni.

Je révèle grands mystères aux enfants, tout simplement parce
qu'ils crois ce que je dis, sans me douter.

Mes compassions se renouvellent chaque matin.

Je ne suis pas une religion, mais une personne, tout comme vous. La seule chose que vous pouvez faire avec une autre personne, est d'avoir un relation avec cette personne.

Je vais retirer votre honte, et vous donner la gloire.

Tout ce que je n'ai jamais demandé, et demande toujours de ma disciples sont, «crois seulement».

Il n'y a pas grand, je peu vous et c'est dans le Royaume de Dieu.

En raison de ce que j'ai déjà fait pour vous, toute maladie est illégal dans votre corps.

Le meilleur cadeau de Noël que vous pouvez donner à quiconque ou vous-même, c'est moi.

Toutes les âmes sont à moi.

La question de répondre au jour du jugement n'est pas la façon dont riche ou heureux que vous étiez, mais comment avez-vous utiliser votre richesses et des bénédictions, pour bénir quelqu'un d'autre que vous-même.

Peu importe ce que quiconque dans ce monde pense de vous,
Je persiste à dire que vous étiez la peine de mourir pour.

Le seul ministère qui peut échouer, est celui que je n'ai pas
construire.

De mon mieux pour vous n'est pas le paradis sur terre, mais
le Nouveau Ciel et la Terre Nouvelle.

Comme je vis, dit le Seigneur Dieu, je n'ai aucun plaisir à l'
l'enfer des méchants.

Vous n'avez pas à parler le grec, l'hébreu ou latin recevoir
mes bénédictions, vous n'avez qu'à croire ce que   Je dis,
pour recevoir ce que je dis, vous pouvez avoir.

Obtenir sauvé, et aller au ciel n'est pas quelque chose
  que vous gagnez ou méritent, mais il est un don gratuit,
que vous recevoir de moi, en me demandant pour elle.

Honorer les gens est la servitude -, mais tous ceux qui se
confient en moi sera protégé.

Eglise n'est pas quand vous arrivez à un bâtiment et de culte
  moi pendant une heure, l'église se produire lorsque je viens
de vivre l'intérieur de vous, 24 heures par jour, 7 jours par
semaine, pour l'éternité.

Pas quelqu'un qui pardonne pour quelque chose qu'ils ont fait pour vous, est comme boire du poison, et attend que l'autre personne mourir.

Sauf si une personne est née de mes mots et le Seigneur Saint-Esprit, cette personne ne verra jamais le royaume de Dieu - Jésus. Cela prouve que vous devez être né de nouveau pour devenir un chrétien. Personne ne naît chrétien.

Même si vous faites vos achats de Noël pour les amis et de la famille, rappelez-vous que je suis le meilleur cadeau de Noël que vous peut leur donner, et je suis un don gratuit.

Mon culte est votre façon de me dire que vous aimez moi, parce que je vous ai aimés.

L'amour n'est pas un signe de faiblesse, mais la force, et il est la raison pour laquelle je suis la personne la plus puissante dans le univers.

La raison pour laquelle l'obscurité est partout dans le monde, est parce que les gens que j'ai fait la lumière des le monde est occupé derrière quatre murs, au lieu d'aller dans le monde, comme je leur ai dit.

Je donne la beauté aux cendres et de la joie aux larmes.

Love - il est qui je suis, et mon cadeau pour chaque personne
est d'aimer quelqu'un, et d'être aimé.

Pour tous ceux qui me recevra, je vais donner librement
Seigneur Saint-Esprit, qu'Il vous comble de mon amour, de
sorte que vous pouvez avoir une raison de vivre et éprouver
de la joie indicible.

Lorsque vous chantent les louanges de moi, vous chantez
pour faire vous sentir bien, mais lorsque vous adore-moi, vous
êtes chants à faire à la fois de nous sentir bien.

Jésus rit quand on rit, et il pleure quand on pleurer. Cela signifie
que si il est heureux ou triste, dépend de si vous choisissez
d'être heureux ou triste.

Tu aimeras le Seigneur ton Dieu de tout ton cœur, l'esprit
et l'âme, et tu aimeras ton prochain comme toi-même.
On se demande pourquoi tant de chrétiens veulent donner
les pauvres et les sans-abri de la nourriture et des vêtements
qu'ils ne fournissent pas voulez, ou allaient à jeter ....

Les mots les plus belles que n'importe qui ne m'a jamais dit
depuis que je suis vivant, a été quand Jésus m'a dit Je t'aime
tellement bien, je ne te laisserai jamais aller. Avez-vous jamais
aimé quelqu'un tellement, que vous leur avez dit que vous ne
laissez jamais entre eux vont?

Je suis toujours le Dieu qui fait une certaine manière, où il
semble y avoir aucune manière.

La raison pour laquelle il est toujours facile pour ceux qui
connaissent Jésus, à l'aimer de tout leur esprit, l'âme et le corps,
c'est parce qu'il est la seule personne qui va vous montrer la
miséricorde, au lieu de vous juger.

Lorsque vous m'honorent, en ma présence physique descend
du ciel, pour vous, et je deviens le Seigneur de tout, et quoi que
ce soit, passe dans votre vie.

Chapitre 3: Qu'est-ce Seigneur Saint-Esprit dit

La seule preuve que quelqu'un vous aime, c'est dans ce qu'ils font, et non ce qu'ils disent.

Les gens qui ne veulent pas que vous savez quand vous êtes un moins que rien,vous n'avez pas besoin de savoir quand vous êtes quelqu'un.

Le plus vous apprenez à me connaître, plus vous comprendrez pourquoi je suis appelé un Puissant, le vent Rushing - Je suis irrésistible.

Vous n'avez pas reçu un esprit de servitude pour être encore dans la crainte; mais vous avez reçu un Esprit d'adoption, ce qui explique pourquoi nous crions, papa, le père.

Là où le péché abonde, la grâce de Jésus ne plus ne manquent pas. Il ne s'agit pas à quel point vous êtes, mais comment Jésus est bon ..

La raison pour laquelle les ministères ont échoué - Comme ceux qui sont conduitspar Seigneur Saint-Esprit, ils sont les fils et filles de Dieu.

Pourquoi la volonté de Dieu n'est pas toujours fait dans la terre. Le cœur de Dieuest Dieu le Père, le visage de Dieu est Jésus-Christ, la voix de Dieu est le SeigneurSaint-Esprit, et les mains de Dieu est Son Eglise - qui a la mauvaise habitude de se cacher derrière quatre murs, au lieu d'aller en le monde, comme on leur a dit de le faire ..

Si vous donnez à quelqu'un un poisson, vous nourrir de cette personne pour une journée. Si vous montrer à quelqu'un comment pêcher, en donnant à quelqu'un Jésus, vous nourrir quelqu'un pour l'éternité.

Pour Jésus-Christ seul - être tous les éloges pour faire la paix entre Dieu et l'homme.

Bonne nourriture et boisson conduit à la santé et de longue durée de vie, la mauvaise nourriture et la boisson conduit à la maladie et la mort.

Le but de l'église locale, ou de la Chambre de Dieu, doit être rechargée, de sorte que, comme Jésus, vous pouvez continuer à être une lumière dans le monde.

La raison pour laquelle, quand on a un enfant, vous devriez être le meilleur parent que vous pouvez être, c'est parce que Jésus enseigne que un adulte foiré, est un enfant qui n'a pas été soulevée à juste titre.

Seigneur Saint-Esprit rend témoignage avec notre esprit que nous sommes lesenfants de Dieu.

Je suis la raison pour laquelle le surnaturel devient votre normale.

Dieu nous a réconciliés avec Lui par Jésus-Christ, et nous a donné le ministère de la réconciliation.

Bien que toute personne aurait pu être né sous une malédiction générationnelle en raison de leurs parents, il est important de savoir que la journée vous avez accepté Jésus comme votre Sauveur, vous êtes né en une bénédiction générationnelle, et que vous n'êtes plus sous la malédiction, mais sous la bénédiction.

C'est parce que Jésus nous a fait comme lui, que la plus grande joie dans la vie vient de ce que nous pouvons faire pour les autres, et non pas ce nous pouvons faire pour notre auto.

Seigneur Saint-Esprit est la raison pour laquelle vous devenez le chrétien le diable met en garde les gens sur. Jésus dit encore, attention, je vous donne le pouvoir sur toutes la puissance de satan, les démons et les anges déchus.

La clé de la bénédiction sans limites: Alors Jésus dit à Abraham, Sortez de votrepays, et de vos proches, et la maison de ton père, vers une terre que je vais vous montrer: Et je ferai de toi une grande nation, et je te bénirai, et rendrai ton nom grand, et tu seras une bénédiction. Familles nous enseigner les traditions, SeigneurSaint-Esprit nous enseigne la foi, qui ouvre la bénédiction.

Seigneur Saint-Esprit viennent d'écoulement à travers moi, et me rendre la vie ce qu'elle devrait être. Ainsi soit-il.

Personne n'a un plus grand amour pour vous, parce que je posai ma la vie pour vous, afin que vous puissiez devenir mon ami - Jésus.
Le véritable amour est tout en action, et très peu de mots. Avec l'amour vrai, les mots deviennent inutiles, parce que les actions de la personne parle si fort, vous n'avez pas besoin d'entendre leurs paroles.

La plénitude de l'onction n'est pas pour l'église locale. Le fleuve de Dieu découle de la maison de Dieu à la mer Morte. Le point le plus profond de la rivière est la plus proche de la mer Morte. Obtenez de l'endroit où la vie des gens ont été détruites, si vous voulez voir des fleuves d'eau vive, qui est La illimité Onction.

Si vous avez des besoins et des désirs, rappelez-vous que le nom de Jésus est El Shaddai, El Cheapo pas.

Le salut se trouve en aucun autre, mais Jésus, car il n'y a aucun autre nom sous le ciel, donné à toute personne, par lequel nous devions être sauvés de l'enfer.

Car le Fils de Dieu, Jésus-Christ, qui a été prêché à nous, n'était pas «Oui» et «Non», mais c'est en lui qu'elle a toujours été "Oui".

Pardonner et oublier le passé est facile, une fois que vous comprendre que vous vivez dans l'ici et maintenant, et que votre avenir est toujours brillant, parce qu'il ya un Dieu dans le ciel qui vous aime.

Quand vous comprenez que le péché, la malédiction, la pauvreté, les guerres, la maladie et la mort, tout est venu sur la race humaine, parce que le premier homme et la femme désobéit Ma voix, alors vous comprenez que l'audition et d'obéir à ma voix n'est pas une option.

En ce qui concerne la vie est concernée, nous buvons tous de la même verre, si vous voulez voir votre verre à moitié vide ou à moitié complète, c'est à vous.

Si vous voulez construire une église qui va secouer le monde pour Jésus, croire en Lui pour les prostituées, les alcooliques, les toxicomanes les trafiquants de drogue et. Parce que - à qui est beaucoup pardonné, beaucoup est appréciée. Les meilleurs pécheurs prendre les meilleures Saints.

Je te bénirai, et vous faire une bénédiction - Seigneur Jésus. La première question à poser, si elle ressemble à Il n'est pas pour vous bénir, est, êtes-vous être une bénédiction?.

Bien que Dieu nous est présenté comme Jésus, Il désire être connu sous le nom All-in-All, ce qui signifie qu'Il veut être tout, à tout le monde.

Conversation intéressante entre Jésus et satan. satan dit - j'élèverai mon trône au-dessus des étoiles de Dieu: je serai semblable au Très Haut. Jésus répond - vous serez ramené à l'enfer, aux côtés de la fosse. personnes vous regardera, et de dire, est-ce l'homme qui a fait la la terre à trembler, cela ne secouez royaumes? Quand Jésus vous bénit, il a l'habitude de vous bénir tellement que vous ne savez pas si vous venez ou aller.

Si nous marchons comme Jésus a marché, nous allons voir ce que Jésus a vu. Ilmarchait toujours dans l'amour et la compassion - à tous. Et vous?

La définition de la peur est False Evidence Appearing Real.
La médecine pour tousvos peurs, c'est la foi en Jésus-Christ.

Je suis le Seigneur ton Dieu, qui vous apprendra à but lucratif,
qui vous mène par la façon dont vous devriez aller
- Seigneur Jésus. Il c'est la volonté de Jésus que ses Saints
possèdent leur propre entreprise, mais si vous êtes heureux
avec le salaire minimum, et de vivre chèque de paie - Il vous
permettra.

Pour qui les ah? qui éprouve de la tristesse? qui a
affirmations? qui a babiller? qui a des blessures sans cause?
qui a une rougeur des yeux? Pour ceux qui s'attardent auprès
du vin; pour ceux qui vont déguster du vin mêlé.

Une citation célèbre dit de me donner la liberté, ou me donner
la mort. Si vous invoquera le nom du Seigneur Jésus, je te
donnerai vous la vraie liberté, et la vie.

Tout comme le but de votre corps est de recevoir et d'obéir
les instructions de votre cerveau, le but de l'Organe de
Christ est à entendre et à obéir aux instructions de
Jésus-Christ.

Si le nom de confessions religieuses est de plus en plus
gradateur et d'un gradateur, c'est parce qu'il était à propos
de Jésus, il est d'environ Jésus, et sera toujours au sujet
de Jésus seul.

Notre Père, qui es aux cieux, que ta volonté soit faite sur la
la terre, comme il est dans le ciel ...... ne jamais se contenter
de rien de moins que le Ciel sur la terre, tous les jours.

Toujours vivre chaque jour avec une attitude de l'enfer vide et
Ciel complète, est la clé de tout ministère de Jésus-Christ
avoir tous ses besoins satisfaits.

Bien qu'il n'y ait rien de mal à avoir une bonne vie, il
est important de se rappeler qu'il est plus important d'avoir une
la vie éternelle bonne, parce que votre vie éternelle a un début,
  et non. fin

Jésus-Christ n'est pas seulement le Dieu de tous, mais le Père
de tous, et la seule raison, il permet la souffrance dans votre vie,
est parce que vous ne voulez pas laisser être votre père.

Les gens qui sont toujours préoccupés par ce qui se passe
dans le monde, ou inquiet au sujet des élections, ne
comprennent pas que les gens puissent faire les plans de leur
cœur, mais Seigneur Jésus seul qui décide du résultat.

Pour le travail de Dieu soit faite sur la terre, ses serviteurs
doit diminuer, de sorte qu'il peut augmenter.

La clé de l'échec dans le Royaume de Jésus-Christ -
ignorant la commande du Seigneur Jésus qui dit que le
   Travail Royaume n'est pas fait par votre force, ou votre
la sagesse, mais par la puissance du Seigneur Saint-Esprit.

S'il est vrai que Jésus fait ses signes Saints et
merveilles, il est important de savoir que quelques points de
signe à quelque chose d'autre que lui-même.

La plus grande découverte que toute personne vivant peut faire,
est pas seulement que Jésus-Christ est Dieu, mais qu'il est le
Force la plus puissante dans l'univers, dans n'importe quelle
situation, n'importe où, et que son pouvoir est aussi proche que
dire «aidez-moi Jésus.

Venez et suivez-moi et je vous ferai pêcheurs d' personnes.
La preuve que vous suivez Jésus, est que vous êtes amener
les gens à Jésus.

Il est incroyable de voir comment beaucoup de gens fidèlement
aller à l'église, célébrer Pâques et de Noël, mais ne connaissent
pas Jésus. Jésus a dit que le jour du jugement beaucoup vont
lui dire ce qu'ils ont fait pour lui, et il leur dira – départ dans
l'enfer éternel, je ne t'ai jamais connu.

Pour être absent du corps est d'être présent avec le Seigneur.
Cela signifie que vous, et votre corps, n'est pas la même chose.

Seigneur Saint-Esprit est la seule personne que vous
rencontrerez jamais, qui, une fois que vous rencontrer et se
connaître lui-même, vous voulez plutôt prier pour votre propre
mort, que de vivre un jour sans Lui.

La raison pour laquelle vous devriez croire que Jésus pour votre
propre Onction - C'est parce que Jésus-Christ est un créateur,
pas un duplicateur.

Chrétiens qui se concentre sur le temporaire fera l'église
projets de construction, tandis que les chrétiens qui se concentre
sur l'éternité fera Royaume de projets de construction de Jésus.

Pourquoi l'église de Jésus-Christ ne doit rien faire sans
Seigneur Saint-Esprit. Même si Jésus-Christ était Dieu avant
 Il est venu dans le monde, il n'a pas été utilisé par Dieu le Père
- Jusqu'à ce que Lord Esprit Saint est venu sur Lui.

Chrétiens bébé prier un peu et agir beaucoup, tandis que des
adultes Les chrétiens prient beaucoup, et d'agir un peu, parce
qu'ils comprendre qu'il est sur le point Ma Puissance, et non pas
leur pouvoir.

La cause de tous les malentendus et les arguments -
Je ne suis pas responsable de ce que vous entendez, si
vous sont pas à l'écoute.

Si vous suivez Jésus - la seule raison pour laquelle les faits
ne s'alignent pas avec votre foi, afin que vous pouvez utiliser
votre foi de changer les faits.

Dans le système de quelqu'un monde de l'éducation qui est
toujours l'apprentissage est votre professeur. Dans le Royaume
de Jésus, le Dieu de toutes les connaissances et la sagesse
est votre professeur.

Vous êtes né de nouveau pour gagner, et de ne jamais perdre.

Si vous écoutez bien ma voix, il est impossible de dire ce que
vous fera l'affaire.

Il n'ya rien que vous ne pouvez pas atteindre.

Si vous êtes dans le Christ et si vous êtes sauvés, alors vous
êtes un cohéritier avec Jésus-Christ.

Même si Jésus-Christ est le Fils de Dieu, il n'était pas
utilisé dans le ministère par Dieu le Père jusqu'à ce que j'arrive
sur lui. De la même manière votre ministère ne va nulle part,
jusqu'à ce que vous me rencontrer pour vous-même.

Habillez Aaron qu'il peut à mon service dans le prêtre du bureau - Jésus. La raison pour laquelle la plupart des les gens ne peuvent pas ministre à d'autres personnes, c'est parce que ils ne savent pas comment servir le Seigneur

Je vais construire mon église contre laquelle les portes de l'enfer ne prévaudront pas - Jésus. La véritable église de Jésus-Christ n'a pas besoin de protection contre satan, satan a besoin une protection contre eux.

Le premier Adam est tombé en mangeant, le dernier Adam, Jésus, surmonté par le jeûne - la nourriture pour la pensée.

La plus grande erreur que l'église de Jésus-Christ continue à faire est d'essayer de faire son travail sans moi.

Une fois Seigneur Saint-Esprit se répand sur nous d'en haut, notre nature sauvage devient un champ fertile, et notre fructueuse champ devient une forêt.

La Juifs avaient des sentiments plus noble caractère, parce qu'ils reçu le message avec beaucoup d'empressement, et examiné les Écritures, chaque jour, pour voir si ce que Paul disait était vrai. La maturité spirituelle ne signifie pas croire aveuglément tout ce que dit de la chaire, mais la lecture de la Bible pour vous-même – à vérifier les faits.

Puis j'ai entendu une voix forte dans le ciel dire: "Maintenant sont venus le salut, la puissance et le Royaume de notre Dieu, et l'autorité de son Christ.

Seigneur Saint-Esprit reposera sur lui, l'Esprit de sagesse et la compréhension, l'Esprit de conseil et de force, le Esprit de connaissance et le respect du Seigneur Jésus.

Il est facile d'être utilisé par satan, quand vous ne savez pas ce que vous faites affaire avec un ex-ange.

Le Saint des Saints, le seul endroit sur terre que vous ne sera pas envie de partir, une fois que vous le découvrir.

Oubliez vos soucis, laissez vos soucis avec moi.

Dieu, par Jésus-Christ, réconcilie le monde à Lui-même, et n'est pas en les récompensant pour leurs péchés.

La preuve que Jésus est votre Seigneur, c'est quand il est au volant de votre vie, et vous êtes dans le siège du passager.

Je rendrai ton désert un bassin d'eau.

L'amour parfait de Jésus chassa toutes les peurs, ce qui signifie tout adepte né de nouveau de Jésus marchant dans la crainte ont pas encore été mis au point par son amour.

Au commencement était la Parole, et la Parole était Dieu.
Si vous lisez la Bible, pour quelque raison autre que
d'apprendre à connaître Jésus par vous-même, vous êtes
perdre votre temps.

La raison pour laquelle votre relation avec la nourriture est plus
important que vous pensez, c'est que tout le monde ennuis ont
commencé avec quelqu'un qui mange quelque chose qu'ils
n'étaient pas censés manger.

Une fois que vous comprendrez la puissance de vos mots, vous
comprendront l'importance de ce - si vous n'avez pas quelque
chose de bon à dire sur une personne, ne dites pas quoi que
ce soit sur cette personne.

La sagesse commence lorsque vous comprenez que, malgré
tout vos expériences de vie, et toute votre éducation, vous
savez rien, et du Seigneur Jésus sait tout.

La chose la plus importante que vous devez faire pour
aujourd'hui, le plus beau jour de votre vie, c'est de pardonner,
oublier, et de laisser votre passé derrière vous.

Nous n'avons pas reçu l'esprit du monde, mais
  Seigneur Esprit Saint, qui est de Dieu; afin que nous
sachions les choses qui sont librement donnés à nous par
le Seigneur Jésus.

Comme une personne pense à son / son esprit, est si cette
personne. La cause profonde de qui nous sommes, où nous
sommes, et qui nous deviendra, est notre façon de penser.
Faites attention à ce que vous voyez, ou entendre, et qui vous
avez des relations avec, parce que affecte votre esprit.

La raison pour laquelle le monde est en désordre, et le
Royaume de Jésus est parfaite - dans le monde, vous aurez
à acheter quelqu'un l'amour et le respect, dans le Royaume
de Jésus vous aime quelqu'un inconditionnellement, pour
gagner leur amour et leur égard.

La relation parfaite avec Dieu commence par comprendre
qu'il n'a besoin de rien de vous - et que la relation est basée
sur ce qu'il peut faire pour vous, et ce qu'il veut faire à travers
vous, à d'autres, par ma puissance.

Jésus ne sera pas vous demander quelque chose qu'il ne sera pas vous récompenser pour, parce que Dieu ne sera pas un débiteur de toute personne.

Dans le lieu secret du Très-Haut .... il est le seul lieu si merveilleux, qu'il ne peut pas être décrit dans le mots de n'importe quelle langue.

Le seul moyen de détruire satan est de savoir qu'il est un menteur, et le père de tous les mensonges, et que vous le détruire en disant ce que Jésus dit.

Glossaire

Dieu: le Créateur Supernatural
Jésus-Christ: Dieu le Fils. Une des trois personnes de la Trinité de Dieu.
Seigneur Saint-Esprit Une des trois personnes de la Trinité de Dieu.
Seigneur Père: Une des trois personnes de la Trinité de Dieu.
Religion: un système de la pensée humaine qui comprend généralement un ensemble de récits, des symboles, des croyances et des pratiques qui donnent un sens aux expériences du praticien de la vie en faisant référence à une puissance supérieure.

Travaux cités

- La Bible

Résumé

Ce livre ne favorise pas la religion ou confessionnel croit plutôt qu'il introduit lespersonnes de Jésus-Christ et Seigneur Saint-Esprit pour le lecteur. Il n'a qu'un seul but - faire connaître au lecteur que Dieu est trois personnes, et qu'ils veulent une relation personnelle avec le lecteur.